EGERTON.

AFFAIRE

DE LA RUE DE RIVOLI.

PARIS. — 20 AOUT 1818.

IMPRIMERIE DE LEFEBVRE, RUE DE BOURBON, N° 11.

AFFAIRE
DE LA RUE DE RIVOLI.

Hôtel Egerton, Paris, février, 1819.

Messieurs,

Ce qui m'est arrivé dans la rue de Rivoli, le 20 août, 1818, est peut-être parvenu à votre connaissance ; et, regardant cette affaire comme terminée, je suis très-éloigné de vouloir la renouveler en aucune manière : Mais comme vous composez une Commission chargée de s'occuper d'un Projet de Loi relative à la Responsabilité des Agens Ministériels, et du mode à suivre pour les mettre en jugement, en cas d'Abus de Pouvoirs et de Vexations envers les Citoyens; je pense que vous trouverez bien que je mette sous vos yeux les pièces que je joins ici, sur ce qui m'est arrivé, quoique je jouisse des Droits Civils en France, d'après le décret de S. M., inséré au Bulletin des Lois (1), annexé à la Lettre que j'ai l'honneur de vous adresser :

Ces renseignemens ne peuvent qu'ajouter aux motifs qui démontrent l'importance de la Loi dont la Rédaction vous est confiée.

Je vous prie de me croire,

Messieurs,

avec une haute considération,

Votre très-humble,
et très-obéissant serviteur

(*Signé*) FRANCIS HENRY EGERTON.

A MESSIEURS,

MESSIEURS LES MEMBRES DE LA COMMISSION chargée de la Rédaction d'un Projet de Loi relative à la Responsabilité des Agens ministériels, et du mode à suivre pour les mettre en Jugement, en cas d'Abus de Pouvoirs de leur part, et de Vexations envers les Citoyens.

Au Ministère de la Justice,

A PARIS.

---

[1] Extrait du Bulletin des Lois, N°. 86, page 723, [N°. 708.]

« ORDONNANCE DU ROI *qui admet à établir leur domicile en* » *France, et à y jouir de tous les droits civils, tant qu'ils con-* » *tinueront d'y résider*. . . . .

» [5°.] *Le lord* FRANCIS HENRY EGERTON, *né en Angle-* » *terre, demeurant à Paris*, *hôtel de Noailles*, *rue St.-Honoré.* » [*Paris*, 13 *avril* 1816.] »

L'ADRESSE DE L'ENVELOPPE.

A S. Exc. M. le Maréchal, Duc de Reggio, Major Général de la Garde Royale, de service auprès de S. M. le Roi de France, pendant le 3e. trimestre de 1818, à Paris. *Pour lui seul.*

LA LETTRE.

Monsieur le Maréchal,

Je vous prie de me donner la permission de vous envoyer la Pièce ci-jointe.

J'ai l'honneur d'être,

Monsieur le Maréchal,

de Votre Excellence,

Le très-humble,

et très-obéissant serviteur,

(*Signé*) Francis Henry EGERTON.

Hôtel Egerton, rue Saint-Honoré, no. 335.

Paris, le 11 septembre, 1818.

LA PIÈCE.

Le Milord Anglais, l'Honorable FRANCIS HENRY EGERTON, A Son Excellence M. le Maréchal, Duc DE REGGIO, Major Général de service près S. M. le Roi de France, pendant le 3e. trimestre 1818, aux Tuileries.

MONSIEUR LE MARÉCHAL,

Déjà je vous ai fait part verbalement, même par écrit, des justes motifs que j'ai à me plaindre de la conduite tenue envers moi par la Garde de la Rue de Rivoli, le matin du 20 août dernier, et j'ai lieu de croire que les circonstances de cette affaire auront échappé à votre attention, et qu'il vous en aura été fait un rapport inexact d'après la lettre qui m'a été adressée en votre nom, et qui, je me plais du moins à le croire, ne pouvait remplir vos intentions.

Je vais la rapporter ici, et la faire suivre d'un rapport exact de ce qui s'est passé, de la plainte que j'en rends, et de la demande formelle d'en obtenir la réparation.

A Monsieur EGERTON, *Rue Saint-Honoré*, n°. 335.

MONSIEUR,

« S. Ex. le Maréchal de France, Duc de Reggio, Major » Général de service, me charge d'avoir l'honneur de vous » écrire qu'il ne sait à quoi tendent les envois successifs

» de notes que vous ne cessez de lui adresser ; que, puisque » vous avez obtenu satisfaction des Ouvriers de la Rue de » Rivoli, c'est à ce qui lui semble tout ce que vous pouvez » désirer.

» M. le Major Général ajoute que la Garde ne pouvait » souffrir ni autoriser le bruit qui se faisait aussi près du » poste, sans exécuter les consignes qu'elle a à ce sujet, » et que maintenant cette affaire doit être terminée ; » puisque vous avez obtenu satisfaction de qui vous avait » insulté.

» Je suis, Monsieur,

» Votre très-humble, et très-obéissant serviteur,

» L'Aide-Major de service,

» (*Signé*) Comte DU COËTLOSQUET. »

Je reviendrai dans un instant à cette lettre.

Le 20 août dernier, vers 7 heures un quart du matin, je fus averti que, malgré les observations des personnes de ma maison, des ouvriers, qui s'occupaient à poser des vases sur les pilastres du jardin des Tuileries, se permettaient, sans que j'en fusse prévenu, d'amarrer des cordages aux arcades de ma propriété qui donne sur la rue de Rivoli, d'y placer une échelle, et de les exposer à être endommagées, ainsi que les guirlandes de fleurs, cultivées depuis long-temps avec soin.

Persuadé, avec raison, qu'on ne pouvait toucher à la propriété de quelqu'un sans sa permission, du moins sans lui en donner avis, dans le cas où quelque autorité légale l'eût ordonné, je me rendis sur les lieux en voiture ; et, en m'annonçant comme le propriétaire, je déclarai m'opposer à tout ce qui se faisait, jusqu'à ce que l'autorité que je dis avoir fait prévenir se présentât ;

Mais, sans aucune déférence pour mes justes observations, ils prétendirent continuer leur travail en plaçant une échelle pour escalader ma clôture, et attacher leurs cordes, en m'accablant de menaces, d'injures, adressées surtout à ma qualité d'Anglais, et en ameutant les personnes qui se trouvaient près de là, contre moi, et contre mes domestiques.

Pour les éviter, je me retirai paisiblement, toujours dans ma voiture, et j'étais déjà vis-à-vis la rue du Dauphin, à trois ou quatre cents pas du lieu où j'avais éprouvé cette scène pénible, lorsque ma voiture fut entourée de Militaires, qui la firent conduire au Poste de Réserve de la Garde Royale, Rue de Rivoli, où ils conduisirent ma voiture, y introduisirent, brusquement, les canons de leurs fusils, et tout près de mon visage, en voulant me forcer de descendre.

Je me récriai inutilement contre un acte aussi injuste, et aussi arbitraire.

J'observai qu'on ne pouvait ignorer qui j'étais; ma livrée annonçait suffisamment que j'étais un homme connu, méritant quelques égards, ayant un domicile certain, à peu de distance, et qu'en donnant mon nom et mon adresse, si l'on avait quelque chose à me demander, cela devait suffire.

Mais, loin d'avoir égard à mes justes observations, et sans respect pour mon état de maladie, et pour mes infirmités, les soldats me tirèrent par les jambes et par le collet hors de ma voiture; je fus traîné devant l'officier : de là, militairement, au poste intérieur du château des Tuileries, puis encore à l'État-Major Général, où l'on m'a annoncé que je pouvais retourner chez moi.

Infirme, et affecté depuis long-temps d'une toux violente qui m'empêche de prendre les remèdes qu'exigent mes autres maladies, et pouvant à peine marcher, j'ai vu aggraver la toux qui me tourmente par les promenades forcées que ces Militaires m'ont fait faire de corridor en corridor.

Est-ce en France, par des Militaires Français, et dans l'enceinte du Palais du Roi, que l'on pourrait éprouver autant d'outrages, sans en obtenir le redressement, et la réparation? outrages qui paraissaient autant s'adresser à ma Nation qu'à moi-même, et dans lesquels les militaires ont bien moins suivi l'impulsion de leur devoir, que celle des Perturbateurs, et des Clameurs de certains hommes contre les Anglais, notamment d'un, en redingote grise, que la police n'a pu encore découvrir, et qui criait: » Arrêtez cet » Anglais qui est en voiture! A bas les Anglais! Arrêtez! » à la garde! Un Anglais tue! il assassine! »

La Nation anglaise mériterait-elle ces insultes de la part des Français, et les aurais-je méritées personnellement de quelque manière?

L'Adjoint du Commissaire de Police, auquel j'en avais déféré, pour prononcer sur l'entreprise des ouvriers qui s'étaient obstinément refusés à mon invitation, étant arrivé, après même que je les avais quittés, ils cédèrent aussitôt à ses ordres de cesser leur travail jusqu'à ce que l'entrepreneur eût obtenu mon agrément: et en même temps ces ouvriers, reconnaissant leurs torts envers moi, conséquemment que je n'en avais eu aucun à leur égard, m'en ont manifesté leurs regrets, et leur repentir, dans une déclaration devant le Commissaire de Police lui-même, dont je joins ici la Copie.

« A Milord,

» Milord EGERTON,

» En son Hôtel,

Rue Saint-Honoré, n°. 335, à Paris.

» Milord,

» Les ouvriers travaillant au placement des vases sur les
» pilastres de la Grille de la Rue de Rivoli, sont désespérés
» d'avoir offensé votre Excellence, tant en attachant des
» cordages aux pilastres de votre hôtel, sans vous en avoir
» demandé permission, que de l'insulte qu'ils vous ont
» faite en s'opposant à l'ordre que vous leur donnâtes de
» cesser d'amarrer leurs cordages auxdits pilastres; ils
» vous prient de les excuser, et de croire à leur profond
» respect : ils vous prient, en outre, de recevoir leurs ex-
» cuses, pour l'obstination qu'ils ont mise à méconnaître
» vos droits, quand vous leur avez annoncé en être le
» propriétaire, et que vous avez envoyé chercher l'au-
» torité.

» Ils sont avec un profond respect,

» Milord,

» Vos très-humbles,
» et très-obéissans serviteurs,

Pour les ouvriers,

» (*Signé*) DOMINÉ,

« Commis chargé du placement desdits vases par
« M. Boudin, rue de Choiseul, n°. 3, à Paris. »

Au verso.

Nous, Commissaire de Police du Quartier des Tuileries, à Paris, certifions que la signature de l'autre part a été faite en notre présence, et que foi doit y être ajoutée.

Paris, ce 21 août 1818.

(*Signé*) C. Royou.

(Ici est apposé le timbre du Commissaire du quartier des Tuileries.)

Cette Justice, que l'autorité Civile a contribué à me faire rendre, ne fait que manifester davantage la gravité, et l'injustice de l'outrage qui m'a été fait Militairement.

Car, si c'était comme ils l'ont reconnu, les ouvriers qui étaient répréhensibles, qui avaient été des perturbateurs, ce n'était pas à Moi que la garde devait s'adresser c'était à Eux.

Mais, en supposant que quelques-uns de ces perturbateurs, cherchant à me faire une scène désagréable, étant Anglais, eussent excité la vigilance militaire, n'était-il pas de son devoir, avant d'agir, de s'assurer des faits, au moins de quelque manière, de se transporter sur les lieux pour vérifier ce qui s'était passé, au lieu d'en croire la déclaration d'un sergent, et les clameurs d'une malveillance qu'il est si important de réprimer?

Depuis quand donc serait-il permis d'arrêter un homme sur la présomption de ce qu'il aurait voulu faire, avant d'avoir rien fait, pour connaître ce qu'il a fait? et où serait la consigne qui pourrait autoriser un tel arbitraire?

Comment serait-il possible qu'il fût tolérable d'arrêter un homme passant tranquillement dans sa voiture, sous le prétexte qu'à 3 ou 400 pas de sa demeure, il y a eu une discussion dont on ne connaît ni la cause, ni les motifs, ni ceux qui peuvent y avoir eu des torts?

Et si des actes aussi arbitraires s'exercent envers un étranger qui a droit à une protection particulière, envers un homme d'un rang élevé, envers un homme infirme, et malade, qui, par sa conduite, par ses principes, mérite de la considération, de l'estime, et du respect, combien ne deviennent-ils pas plus graves et plus répréhensibles?

Dans la lettre qui m'a été adressée au nom de V. Ex., on dit que » *la garde ne pouvait souffrir et autoriser le* » *bruit qui se faisait aussi près du poste*, *sans exécuter* » *les consignes à ce sujet.* »

Sans doute, il y a des consignes pour empêcher les troubles, pour arrêter les perturbateurs !

Eh bien! c'était ceux-là que la garde devait arrêter, au lieu de recevoir leur impulsion.

Ce n'était pas moi, qui passais tranquillement enfermé dans ma voiture et dans l'état d'infirmité dont je suis accablé.

Et qui oserait prétendre que, parce qu'il plairait à un malveillant, sous un prétexte quelconque, de crier contre quelqu'un qui passerait, dans sa voiture, devant un corps-de-garde, il y aurait une consigne qui autoriserait, sans examen, sans vérification, à l'arrêter, à le traîner ignominieusement hors de sa voiture de corps-de-garde en corps-de-garde, parce qu'il est étranger, pour le renvoyer, ensuite?

Tout au plus, sans doute, s'il était fait quelque plainte contre lui, pourrait-on prendre son nom, s'assurer de sa demeure ; les miens n'étaient pas incertains, ils étaient connus.

Il y a donc, de la part de la garde qui m'a fait un tel outrage, un attentat à ma liberté ; il y a un oubli dangereux de la protection que les Nations et les Gouvernemens, doivent réciproquement aux Étrangers, et dont l'Angleterre a donné des exemples honorables envers les Français.

Il y a violation du droit Public et des Gens, non-seulement envers moi, mais encore envers ma Nation qui a été en grande partie le mobile et l'objet, de ce dont j'ai tant de motifs de me plaindre.

Et, en effet, était-ce à moi à redouter un semblable outrage, et ne s'aggrave-t-il pas en s'adressant à ma personne ?

Je ne parlerai pas de mes titres à la considération, par ma naissance, et par mon rang; et cependant ils peuvent compter pour quelque chose dans la conduite des hommes les uns envers les autres.

Mais combien d'Officiers Français prisonniers de guerre n'ai-je pas fait mettre en liberté? A combien de Français Émigrés n'ai-je pas rendu service? Et combien de Français ne participent-ils pas encore à mes bienfaits?

Mais ne connaît-on pas mes sentimens pour la France et pour son Roi ?

Mais n'y suis-je pas un propriétaire qui contribue avec plaisir aux charges publiques en France, et y dépense une fortune honorable?

Et sans doute, dans le nombre des hommes qui ont droit à la considération et à l'estime, je puis compter avec avantage, et je ne puis pas invoquer en vain celui que tous ont à la justice.

« *J'ai* », dit-on encore dans la lettre qui m'a été adressée au nom de V. Ex., « *obtenu satisfaction des* » *ouvriers, et il semble que cela doit vous suffire.* »

La satisfaction que ces ouvriers se sont empressés de me donner, est précisément ce qui prouve davantage la gravité de l'outrage que j'ai reçu de la force militaire, puisqu'elle démontre qu'il était sans motifs, et le droit que j'ai d'en solliciter et d'en obtenir une autre.

Cette satisfaction leur est personnelle; elle est relative aux faits que j'avais à leur reprocher; et peut-être aurai-je pu leur en faire grâce, ou du moins y apporter beaucoup moins d'importance qu'à l'outrage public d'être arrêté, traîné hors de ma voiture, et ignominieusement conduit, de corps-de-garde, en corps-de-garde, par une force militare, dont l'intervention semble toujours annoncer quelque délit, ou quelque mauvaise action.

Aussi suis-je bien loin de renoncer à celle qui m'est due de la part de la force Militaire par laquelle j'ai été si gravement, et si injustement outragé, et je viens la réclamer de V. Ex. de la manière la plus positive.

Je le dois à moi-même, je le dois à ma Nation, je le dois à la France elle-même, et au respect que je porte à son Roi, qui ne peuvent vouloir qu'un étranger * ne jouisse pas de la protection que les Français trouvent chez les autres nations, et qui ne peuvent permettre que, pour être de telle, ou telle autre, on soit plus ou moins exposé à y être outragé.

J'espère que V. Ex. s'empressera de répondre d'une manière positive à la pièce que j'ai l'honneur de lui adresser, et que je n'aurai plus à me plaindre à personne.

Reçu une Lettre adressée à M. le Maréchal Duc de Reggio.

Paris, le 11 septembre 1818, cinq heures du soir.

---

* « Et cet Étranger anglais, n'est-il pas Successeur direct à la Pairie » d'Angleterre, Héritier présomptif du vieux titre de Bridgewater, » héréditaire dans sa famille ? »

Hôtel Egerton, rue Saint-Honoré, no. 335.

Paris, le 26 septembre, 1818.

Monsieur le Maréchal Duc de Reggio,

Comme je suppose que le retard de m'avoir accusé la réception de ma dernière lettre, n'a pu être occasionné que par des circonstances inévitables, je crois pouvoir vous en écrire une autre.

Personne n'est plus que moi attaché au maintien de l'ordre public; et, sans renoncer à la justice de ma plainte, je trouve pourtant qu'il est prudent de la retirer, parce que l'événement qui m'est arrivé n'a déjà fait que trop d'éclat, et il y a beaucoup de gens qui l'ont saisi avec empressement, pour y voir une occasion de troubles, et de division dans les esprits.

On a fait courir le bruit que je me proposais d'aller encore à Aix-la-Chapelle, d'où je suis arrivé depuis peu.

Il est vrai que j'ai fait viser mon passe-port afin d'être en règle pour y retourner; et la scène pénible que j'ai éprouvée, ayant beaucoup augmenté mes infirmités, a rendu les eaux de cette ville plus convenables que jamais à mon état.

Cependant je me garderai d'y aller pendant la Session du Congrès.

Il faut être peu habitué à traiter de grandes affaires pour s'imaginer que le congrès doive s'occuper d'autres intérêts que ceux si importans qui vont être l'objet de ses délibérations;

Mais dût-il le faire, je ne voudrais nullement appeler son attention sur un événement particulier qui ne peut uniquement concerner que l'Administration Intérieure de lá France.

Au reste, le désir que j'ai de son bonheur, et d'y concourir, d'y voir l'union, et la paix entre les Français, mes opinions, mes principes, mon attachement National, et patriotique à l'état actuel des choses, auquel mon pays, l'Angleterre, a tant contribué; enfin mon respect pour le Roi, votre maître, sont les Seuls motifs de ma détermination.

J'ai l'honneur d'être,

Monsieur le Maréchal duc de Reggio,

de Votre Excellence,

Le très-humble,
et très-obéissant serviteur,

(*Signé*) Francis Henry EGERTON.

Sur l'enveloppe est écrit :

A S. Exc.,

Monsieur le Maréchal Duc de Reggio,

En son Hôtel, rue Grange-Batelière,

Pour lui seul. A PARIS.

Aucune Réponse n'étant arrivée, ni à la pièce du 11 septembre, 1818, ni à la Lettre du 26 septembre, 1818, il est devenu, à la longue, convenable d'écrire au Ministre de la Police Générale la Lettre du 5 octobre, 1818, à laquelle on joint sa réponse.

A. S. Exc. M. le comte Decazès, *pair de France, Ministre de la Police Générale, etc., etc., etc.*

A Paris.

Monsieur le Ministre de la Police Générale,

Je demeure en France depuis plusieurs années, où longtemps j'ai été traité avec de grands égards, avec une considération particulière, avec estime, et avec respect, ce qui ne pouvait que m'y attacher davantage, et exciter en moi une vive reconnaissance, sans cependant cesser de sentir qui je suis.

Aussi pendant tout le temps que mon pays, l'Angleterre, a été en guerre avec la France, je n'ai voulu y acheter aucune propriété, quoique beaucoup m'eussent été offertes, entre autres l'hôtel Biron, à Paris; en France, la terre de Médoc.

Mais, au retour de S. M. Louis XVIII, lorsque j'avais la certitude de voir rétablir la paix, l'amitié, et l'alliance entre mon pays, et la France, et l'espérance de les voir se maintenir, j'ai sollicité la permission d'établir mon domicile en France, selon les Lois, et ne voulant plus louer ni l'Hôtel Langeron, ni le grand Hôtel de Richelieu, je me suis mis à chercher un Hôtel à vendre à Paris, lequel Hôtel fût plus digne de ma résidence. J'ai acheté celui où je demeure, j'y suis devenu propriétaire, et je crois pouvoir assurer avoir continué d'y mériter de l'estime, et des égards, pour les bienfaits que je me suis plu à répandre sur nombre de Français; par mes principes, mes opinions, mon caractère, dont j'ai donné une preuve, lorsqu'en 1815, en maintenant mon droit, et celui de tous les propriétaires Français, je résistai aux ordres de Buonaparte, qui, à son arrivée à Paris, voulait m'expulser de mon Hôtel, et s'en emparer sous le prétexte de l'utilité publique.

Cependant, Monsieur le Ministre de la Police Générale, depuis cette époque et à tout moment je suis exposé à des contrariétés, à des inconvenances, et à des manques d'égards, sous un Gouvernement Réparateur, à la protection duquel j'ai droit, surtout d'après l'Ordonnance du Roi, du 13 avril 1816, qui m'autorise à continuer de Résider en France, et m'admet à y jouir des Droits Civils.

Je sais que V. Exc. a été instruite de la scène pénible que je viens d'éprouver en défendant ma Propriété, mais peut-être n'en connaît-Elle pas suffisamment les détails; aurait-on pu lui en faire un rapport inexact ainsi qu'au Roi, auquel il aurait été dit que j'avais été arrêté parce que j'avais voulu faire charger des ouvriers?

Aurais-je besoin, Monsieur le Ministre de la Police Générale, de justifier la supposition d'une semblable inculpation, repoussée par mon caractère, et par la conduite de ma vie entière?

Qui pourrait jamais être persuadé que j'aie pu seulement avoir l'idée de maltraiter de pauvres ouvriers qui gagnent, par leur travail, leur modique subsistance, et celle de leur famille, et au secours desquels il m'a été toujours plus satisfaisant de venir?

J'ai voulu seulement faire ôter une échelle placée dans une rue Publique contre ma Propriété, et faire cesser un travail qui pouvait l'endommager, et dont je n'avais été prévenu d'aucune manière.

Je crois que j'en avais le droit, en annonçant surtout que j'avais envoyé chercher l'autorité légale, et en donnant ordre à ces aggresseurs déloyaux, qui se trouvaient à cette opération, de cesser jusqu'à ce qu'elle se présenterait: Cette autorité a reconnu la légitimité de mon opposition, ainsi que les torts de ces ouvriers, qui, loin, de prétendre que j'en eusse les moindres envers eux, se sont empressés de reconnaître les leurs, et de m'en demander pardon d'une manière à me les faire excuser.

Ainsi, Monsieur le Ministre de la Police Générale, je crois devoir mettre sous les yeux de V. Exc. les pièces qui concernent cette affaire, et qui sont propres à vous en faire connaître les détails avec exactitude, afin que vous ne soyez pas incomplètement instruit de ma conduite.

Je désire, et je me flatte qu'elles obtiendront votre attention, tenant beaucoup d'ailleurs à votre opinion et à votre estime.

En ne renonçant point à la justice de ma plainte, je l'ai retirée, pourtant, en raison des seuls motifs que j'ai exposés dans la pièce n°. 2.

Il tient à mon caractère, à mon repos, à mon respect pour le Roi, qu'il ne reste rien dans son esprit, qui puisse lui donner aucune opinion défavorable à mon égard, et une autre que celle que je mérite, et dont je ne me croirais plus digne, si S. M. pouvait penser que je fusse capable d'une telle action.

Si je ne pouvais plus attendre de la loyauté du Gouvernement Français quelques retours d'égards pour ma conduite, pour mes principes, pour mon attachement à l'ordre des choses établi en France, et à son Souverain, et pour les bienfaits que j'ai été heureux de répandre sur un grand nombre de Français; mon séjour en France ne pourrait plus m'être agréable, et je demanderais permission de retourner dans mon Pays Natal, en y emportant les effets rares, et uniques, qui m'appartiennent, où on m'offre tous les avantages possibles, si je veux retourner en Angleterre, et où je serai accueilli très-honorablement: mais j'espère n'être pas dans le cas d'y réaliser mon retour, dans la persuasion où je suis, que je retrouverai en France la protection qui m'est due par le Droit des Gens.

En outre, je prie V. Exc. de vouloir agréer l'offre de différens ouvrages; plusieurs desquels ont été imprimés à Paris, et par lesquels Elle pourra juger si je me mêle de porter le trouble dans le maintien de l'ordre public, ou, au contraire, si je demande à rester paisiblement chez moi.

J'ai l'honneur d'être,

Monsieur le Ministre de la police générale,

De Votre Excellence,

Le très-humble,
et très-obéissant serviteur,

(*Signé*) Francis Henry EGERTON.

Hôtel Egerton, rue Saint-Honoré, n°. 335.

Paris, le 5 octobre 1818.

Ministère
de la police générale.
CABINET.

RÉPONSE DU MINISTRE.

A Milord, Milord Francis Henry EGERTON,
Rue Saint-Honoré, No. 335.

Paris, le 11 octobre, 1818.

Milord,

Je n'ignorais pas que vous aviez éprouvé quelques désagrémens résultant d'un mal-entendu, et d'une application, peut-être trop peu mesurée, de nos règlemens concernant l'Ordre public; mais aucun rapport qui vous soit défavorable ne m'a été adressé; aucun n'est parvenu au Gouvernement; le rang que vous tenez, les qualités qui vous distinguent, vos ouvrages, où le goût s'allie à l'érudition, et que je connaissais avant l'hommage que vous voulez bien m'en faire; les sentimens généreux dont vous faites profession; ces divers titres ne sauraient être méconnus au milieu d'une nation hospitalière qui s'est toujours empressée de rendre justice au mérite. Je suis persuadé qu'en faisant le sacrifice de votre plainte, vous n'avez pas moins fait celui de vos ressentimens; et, s'il en était autrement, je m'estimerais heureux de pouvoir l'obtenir de votre part, en vous priant d'agréer avec mes remercîmens,

Milord,

L'assurance de toute mon estime,
et de ma considération distinguée,

(*Signé*) le comte Decazes.

A lord Francis-Henry Egerton,
hôtel Egerton, rue Saint-Honoré,
No. 335.

www.ingramcontent.com/pod-product-compliance
Lightning Source LLC
LaVergne TN
LVHW050510160826
845677LV00003B/1047

* 9 7 8 2 3 2 9 6 3 9 5 8 1 *